SOCIÉTÉ POUR LA DÉFENSE DU COMMERCE

DE MARSEILLE

LETTRE

ADRESSÉE A

Monsieur le Président et à Messieurs les Membres de la Chambre des Députés

POUR PROTESTER

CONTRE L'AUGMENTATION PROPOSÉE DES DROITS DE DOUANE

SUR LES CÉRÉALES

MARSEILLE

TYP. ET LITH. BARLATIER-FEISSAT PÈRE ET FILS
Rue Venture, 19

—

1884

SOCIÉTÉ POUR LA DÉFENSE DU COMMERCE DE MARSEILLE

LETTRE

Adressée à Monsieur le Président et à Messieurs les Membres de la Chambre des Députés pour protester contre l'augmentation proposée des droits de douane sur les Céréales.

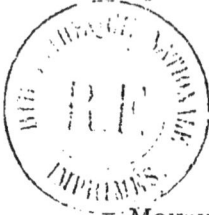

MONSIEUR LE PRÉSIDENT,

MESSIEURS, LES DÉPUTÉS,

Lorsque la rumeur publique nous apprit que le Gouvernement était dans l'intention de frapper les céréales d'un droit d'entrée, notre population s'émut ; elle vit sa ruine prochaine et nous fûmes ses interprètes en protestant énergiquement auprès de M. le Ministre du Commerce.

Nous lui adressâmes aussitôt la lettre suivante :

MARSEILLE, le 25 octobre 1884.

Monsieur le Ministre du Commerce,

PARIS.

« Le projet d'établissement d'un droit d'entrée sur les céréales a douloureusement ému notre cité. Interprètes de notre commerce, de notre industrie et de notre population ouvrière, nous venons protester de la façon la plus énergique contre la mise en exécution du projet.

« Nous prenons la liberté, Monsieur le Ministre, d'énumérer sommairement quelques unes des funestes conséquences. qu'entraînerait cette mesure :

« 1° Le renchérissement du pain frapperait surtout la classe ouvrière ;

« 2° Le prix de la viande serait notablement augmenté si des droits touchaient les maïs et les autres grains destinés à l'alimentation du bétail ;

« 3° Le commerce d'importation et de transit de tous les ports de mer et particulièrement du nôtre serait ruiné par l'amoindrissement du tonnage d'entrée de céréales ;

« 4° Toutes les industries employant comme matières premières les céréales qui, comptant sur le maintien de la liberté commerciale, avaient pris un si grand développement dans notre région, se trouveraient très gravement atteintes ;

« 5° Notre marine, déjà si éprouvée par les bas prix du nolis, perdrait un de ses plus sérieux éléments de fret ;

« 6° Notre commerce d'exportation a besoin de nolis excessivement réduits pour faire concurrence aux industries similaires des nations rivales ; la diminution du tonnage d'entrée aurait pour conséquence une augmentation du fret de sortie ;

« 7° Les installations si coûteuses de bassins, de docks, d'entrepôts, de hangars sur les quais deviendraient presque inutiles ;

« 8° Nos voies ferrées, qui traversent en ce moment une crise si pénible, perdraient un de leurs plus sérieux aliments de trafic.

« En compensation de ces ruines qui s'accumuleraient, combien seraient minimes les avantages que le pays pourrait retirer de ces droits.

« Nous nous réservons, Monsieur le Ministre, lorsque nous connaîtrons en détail le projet de loi, de le discuter et de développer nos arguments, et nous espérons vous faire partager la conviction dont nous sommes entièrement pénétrés. »

Depuis, nous avons vu que le Gouvernement se bornait à demander un droit sur le bétail, mais que l'initiative parlementaire réclamait l'établissement d'une surtaxe de 5 francs par cent kilos sur les blés à leur entrée en France et de 3 francs sur les grains grossiers.

Nous protesterions avec la même énergie contre les droits sur le bétail, proposés par le Gouvernement, si la Commission que vous avez nommée ne les repoussait elle-même.

Mais, comme il se pourrait qu'elle accueillit et appuyât même auprès de la Chambre le projet de droit sur les céréales, nous nous adressons à vous pour reproduire nos protestations à ce sujet, donner de nouveaux arguments et développer toutes les objections qui nous font considérer l'établissement de ces droits comme la ruine de notre cité et un désastre irréparable pour la France tout entière.

1° Le premier argument, celui qui domine toute la question, c'est le *renchérissement du prix du pain*.

Si les droits ont l'effet qu'en attendent les promoteurs, nous verrons les prix des céréales monter de l'entière quotité de la taxe sinon de plus, car il est à craindre que les intermédiaires ne profitent de l'occasion pour augmenter leurs bénéfices.

5 francs sur 8,200,000 tonnes de blé et 3 francs sur 8,400,000 tonnes de grains grossiers, c'est plus de 660 millions de francs de plus que la France aura à payer.

Or, la population mâle de notre pays, de 18 à 60 ans, défalcation faite de l'armée et de la marine, s'élève à 9 millions 3/4.

Chaque homme, de par ces droits, subira dans ses dépenses annuelles une augmentation de plus de 67 francs.

Mais ces 67 francs constituent un minimum pour l'ouvrier chef de famille. D'abord il a généralement plus d'enfants que le chef de famille de la classe aisée ; ensuite il nourrit souvent ses parents âgés et infirmes ; enfin il consomme plus de pain.

Et même par cette considération, l'ouvrier marseillais est plus touché qu'aucun autre.

C'est, en effet, l'ouvrier marseillais qui mange le plus de pain de tous les ouvriers français : alors que la consommation annuelle est de 206 kil. pour la France, de 150 kil. pour Paris, elle atteint 254 kil. pour Marseille.

Au moment où la concurrence étrangère, favorisée par le bas prix de sa main d'œuvre, nous enlève peu à peu tous nos débouchés, est-il prudent de grever le salaire annuel de nos ouvriers de 67 francs par an de dépenses supplémentaires ?

N'est-ce pas placer le travailleur français entre ces deux alternatives : Mourir faute de travail, parce que, travaillant trop cher, il ne trouve plus de débouchés à son industrie, ou mourir faute de pain, parce que le salaire qui lui est attribué est insuffisant pour le faire vivre ?

2° Nous avons fait valoir en second lieu à Monsieur le Ministre du Commerce un argument tellement évident, que nous n'aurons pas à le développer beaucoup.

La viande se produit chèrement, trop chèrement en France, puisque le projet de loi qui vous est soumis a précisément pour but de protéger cette industrie contre la concurrence étrangère. Votre Commission est d'accord sur ce point avec le Gouvernement, car si elle rejette les droits proposés sur les animaux, c'est uniquement parce qu'elle croit la France liée par des engagements internationaux.

Et c'est alors que tout le monde est unanime pour reconnaître la situation difficile dans laquelle se trouve l'industrie du bétail en France, qu'on la rendrait plus difficile encore en frappant de droits excessifs les grains grossiers qui servent à la nourriture des animaux !

Il y a là une telle contradiction, que nous sommes assurés que les promoteurs de cette campagne abandonneront la partie de leur projet qui touche les grains grossiers, et que vous n'aurez pas à vous prononcer sur cette question.

3° Si l'on frappe les céréales d'un droit d'entrée, c'est afin d'en faire augmenter suffisamment le prix, pour que les agriculteurs français aient avantage à les produire et que notre commerce n'en demande plus à l'étranger.

L'on réclame donc la *destruction d'un commerce florissant* qui atteignait, en 1883, pour toute la France, plus de 2 millions de tonnes.

Mais de tous les ports français, Marseille sera le plus atteint ; car recevant 900.000 tonnes il importe 44 0/0 du total.

De plus, à Marseille, les céréales occupent le premier rang dans le tonnage d'entrée, 900.000 tonnes sur 2.700.000 tonnes, soit 33 0/0.

On parle de protéger des intérêts français, et l'on veut enlever au premier port de commerce de France le 1/3 de son fret d'entrée.

Une tonne de blé fait, en moyenne, à Marseille, 12 fr. 50 de frais: c'est donc plus de 11 millions 200.000 francs que l'on veut ravir à notre population ouvrière, sans autre compensation que de lui faire payer le pain plus cher !

4° Le régime de la liberté commerciale a été inauguré il y a presque un quart de siècle.

Dans le programme des revendications du parti républicain, la liberté du commerce figurait au premier rang.

Aussi, Marseille ne pouvait supposer qu'on eût l'idée de réclamer d'une Chambre républicaine un recul qui nous ramènerait plus loin que l'échelle mobile elle-même et de donner comme l'idéal à atteindre les régimes économiques antérieurs à Turgot.

Confiants dans l'avenir, espérant que chaque pas marquerait un nouveau progrès dans la voie ouverte de la liberté commerciale, nous avions développé les industries qui ont pour base l'importation des céréales.

2 distilleries, 7 amidonneries, 57 vermicelleries, une centaine de minoteries s'étaient créées à Marseille. Ecrasées par les nouveaux droits, *ces usines vont se fermer*, ruinant leurs propriétaires, réduisant à la misère toute la population d'ouvriers, de camionneurs, de chargeurs, de portefaix, d'emballeurs qu'elles faisaient vivre.

5° Nous avons vu que notre commerce d'importation serait diminué de 33 0/0

Il ne sera pas seul frappé.

Notre marine, sous l'influence de la loi de 1881, s'était développée et transformée.

Au 31 décembre 1880, Marseille comptait, en écartant les caboteurs et les remorqueurs, 167 vapeurs, jaugeant ensemble 151.000 tonneaux. Au 31 décembre 1883, nous atteignons le chiffre de 201 vapeurs, jaugeant 214.000 tonnes soit une augmentation de plus de 41 0/0 en trois ans !

Pendant le même temps, notre commerce total ne s'est développé que de 16 0/0.

Aussi, sous l'influence de cette disproportion entre le tonnage à transporter et la capacité de transport, sévit une crise dont nous sentons douloureusement les atteintes.

Est-ce y porter un remède que de diminuer notre commerce d'importation de 33 0/0 ?

6° La France produit peu de ces marchandises de grand tonnage qui forment le principal aliment du commerce d'exportation.

Marseille, cependant, grâce aux chaux et ciments pour 125.000 tonnes, aux produits céramiques pour 147.000 tonnes, aux charbons pour 154.000 tonnes, est arrivé a créer un petit courant d'exportation à l'industrie du midi de la France.

Mais nous n'avons pu le faire que parce que ces 426.000 tonnes trouvent disponible un tonnage de 1.800.000 tonnes, différence entre les 2.700.000 tonnes de l'entrée et les 900.000 tonnes, total de toutes les autres marchandises à la sortie.

Si l'on réduit de 33 0/0 le tonnage d'entrée, le *nolis de sortie se relèvera*.

Nos chaux, nos ciments, nos briques, nos tuiles, notre poterie grossière, nos charbons sont des marchandises si pauvres, que la moindre hausse dans le fret leur fermera les débouchés qu'elles s'étaient créées.

Les prix de vente ont atteint la limite des prix de revient et ce n'est pas avec une main d'œuvre augmentée par l'élévation du prix du pain et de la viande qu'on pourra produire à meilleur marché.

Et cependant cette exportation est non-seulement un élément de profit pour notre port, mais elle est une condition essentielle de l'existence de certaines de ces industries.

7° *C'est notre commerce tout entier qui va être atteint* par la disparition du mouvement des céréales, car autour et à la faveur de ce commerce tous les genres d'importation et d'exportation s'étaient développés, faisant de notre Ville une des premières places commerciales du monde entier.

Aussi la mort du commerce d'importation des céréales entraînera l'atrophie de ces branches de trafic nouvellement développées sous son influence.

Le port le mieux placé de la Méditerranée, le plus puissamment et le plus intelligemment outillé va perdre la plus grande partie de ses aliments d'activité, les sommes colossales employées à construire des Quais, creuser des Bassins, élever des Docks et des Entrepôts, établir des Hangars, poser des Voies ferrées, vont être pour bien longtemps frappées de stérilité.

8° Nous avons signalé à Monsieur le Ministre du Commerce *l'intérêt des chemins de fer*.

Ils traversent eux aussi, une phase pénible, et on veut les priver d'un élément important de transport.

Alors qu'on réclame de tous côtés des abaissements de tarif, comment les obtenir de Compagnies dont les recettes vont être fortement diminuées.

Ce n'est pas seulement notre Cité qui est touchée par là, c'est la France tout entière. Et cela, non seulement parce que le budget de l'État, à la suite des Conventions, est jusqu'à un certain point solidaire de celui des Compagnies, mais encore et surtout parce qu'en rendant à peu près impossible tout abaissement de taxe, l'on atteint bien douloureusement notre industrie nationale.

9° Ces droits nouveaux sont réclamés surtout parce que l'on voit cette année le prix du blé, sous l'influence d'une série de bonnes récoltes et en particulier de la dernière qui a été excellente, atteindre les limites de l'extrême bon marché.

Mais les années se suivent et ne se ressemblent pas : il faut prévoir les années de mauvaise récolte.

Avec des droits aussi élevés, droits véritablement prohibitifs, une année médiocre sera une année de famine.

Il faudra aussi nécessairement abaisser ces taxes en ruinant ceux qui avaient compté sur la stabilité de nos lois et en enrichissant quelques spéculateurs trop bien renseignés.

Quel commerce pourrait se développer avec la crainte perpétuelle de remaniements de tarifs ?

Lorsque *le commerce et l'industrie ont besoin de sécurité et de stabilité* et veulent pouvoir compter sur l'avenir, pour que les capitaux se risquent dans ces grandes et puissantes entreprises qui font la richesse et la prospérité d'une nation, l'on vous propose d'établir une tarification douanière, mobile avec la récolte, variable comme les saisons !

10° Ce n'est ni plus ni moins qu'une guerre de tarifs que l'on vous propose d'ouvrir contre les nations productrices de céréales.

Les pays agricoles sont acheteurs de produits fabriqués. Si nous refusons leurs blés, n'est-il pas à craindre que, *par représailles*, ils ne repoussent nos articles manufacturés ?

On sait ce que nous a rapporté la campagne protectionniste engagée sous le prétexte de la Trichinose.

Aussi, passerons-nous rapidement sur cette série de considérations : il n'est pas prudent d'y insister, Qu'il nous suffise, Messieurs, de vous l'avoir signalée.

Telles sont, Monsieur le Président et Messieurs les Députés, les conséquences qu'entraîneraient, rien que pour Marseille, l'établissement de droits sur les céréales.

Pour obtenir votre vote, l'on vous fait valoir qu'il faut protéger l'Agriculture, que, sans ces droits, l'Agriculture française est morte.

Permettez-nous, Messieurs, d'examiner rapidement ce qu'il peut y avoir de vrai dans cette allégation.

Tout d'abord, est-il établi que le prix de revient du blé soit forcément plus élevé en France qu'à l'étranger ?

Pour nous en rendre compte passons rapidement en revue, les uns après les autres, les divers éléments qui concourent à ce prix de revient.

Ce sont : la main-d'œuvre ; les journées d'animaux ; les engrais ; les frais généraux ; les impôts ; la rente du sol ; le transport au marché de consommation ; le rendement de la récolte.

A. — La *main-d'œuvre* est de peu d'importance dans la production du blé, si l'on sème, moissonne et bat à la machine.

La main-d'œuvre est plus élevée, il est vrai, en France qu'en Russie et dans l'Inde, mais elle est bien moins chère qu'en Australie et aux Etats-Unis.

D'ailleurs l'application de droits sur les céréales la fera renchérir encore et l'on tournera dans un cercle vicieux.

B. — L'on admet généralement que les *journées d'animaux* sont plus chères en France que chez nos rivaux. Mais elles peuvent être réduites dans de larges mesures : si la vapeur se charge du battage, il faut que bientôt elle se charge du labour.

Mais nous devons ajouter que nous n'acceptons pas comme un fait général l'opinion que la journée de travail d'animaux, et spécialement celle du bœuf, soit plus chère chez nous que chez nos concurrents. On ne tient pas assez compte du haut prix de la viande en France, et de son extrême bon marché dans les pays neufs ; l'on oublie que, de ce fait, l'amortissement de l'animal devient un élément important du prix de revient. Il joue très différemment dans un cas et dans l'autre et tout à l'avantage des cultivateurs français.

C. — Sans doute les vieilles terres de France ont besoin d'*engrais* que ne réclament pas les terres vierges. Mais les terres vierges sont vite épuisées, elles ont bientôt besoin de fumures qui leur reviennent alors plus cher qu'aux cultures françaises.

L'on a vu, d'ailleurs, par de récents exemples combien vite périclitaient les terres sans engrais. On n'a qu'à se rappeler l'histoire des blés d'Amérique, jadis si beaux, aujourd'hui si inférieurs, pour être rassuré sur la durée de la concurrence que peuvent nous faire les terres sans engrais.

D. — Les *Frais généraux* sont et doivent être forcément les mêmes, à production égale, en France et à l'étranger.

Si les exploitations à blé sont moins importantes en France et si, par suite, les frais généraux pèsent plus lourdement sur le produit, ce n'est pas aux consommateurs à réparer la faute.

Il n'est pas admissible qu'on fasse supporter à cent hectolitres les frais généraux qui suffiraient à cinq mille.

Que les exploitations s'agglomèrent, que la culture devienne plus intensive, si l'on doit produire à meilleur marché ! Pourquoi la terre occupe-t-elle autant de bras chez nous ? Nous verrions sans peine des agriculteurs abandonner les champs où ils sont trop nombreux, pour se reporter sur l'industrie, le commerce ou la marine, si cette émigration a pour résultat de nous donner le pain à meilleur marché.

E. — Les *Impôts* sont, il est vrai, plus lourds en France que chez certains de nos concurrents ; mais la différence n'est pas excessive. Elle correspond souvent à une augmentation de sécurité et de civilisation qui a sa valeur. Sans doute même, certains de nos rivaux achèteraient au prix d'une élévation de l'impôt les services que l'État rend chez nous et ne rend pas chez eux.

En tous cas, pour rétablir l'équilibre, si vraiment il est faussé, l'État doit diminuer les charges de l'impôt et non les aggraver par l'établissement des taxes nouvelles que l'on vous propose de voter.

F. — La *Rente du sol* est l'élément important qui pèse lourdement chez nous dans le prix de revient.

Par suite de l'augmentation de densité de la masse des consommateurs, alors que les moyens de transport économiques manquaient, la terre a acquis en France une valeur nominale énorme.

Le détenteur de cette valeur demande que rien ne vienne plus modifier cette situation. Il veut tirer de son capital éternellement le même revenu, alors qu'il est fortement déprécié par les nouvelles situations économiques créées par les chemins de fer et la navigation à vapeur.

G.— Le *Transport au marché* de consommation est encore un des facteurs principaux du prix de revient, et celui-là est tout à l'avantage du producteur français.

Nos agriculteurs sont sur le lieu même de consommation ; ils n'ont pas à payer 5 et 6 francs par 100 kil. pour amener leur blé chez le consommateur, comme sont obligés de le faire leurs concurrents de Russie, d'Amérique, d'Australie et de l'Inde.

H. — La *Quotité du rendement* de la récolte donne encore à nos agriculteurs un avantage marqué sur leurs concurrents. Nos terres, plus anciennement cultivées, drainées, fumées rendent plus, et pour la même somme de travail donnent davantage de produits vendables.

De plus, ils ont pour eux un élément de recettes qui manque à leurs rivaux, la paille. Elle a, dans nos pays, une valeur qu'elle n'a pas ailleurs, valeur sans cesse croissante et que l'on aurait bien tort de négliger dans l'établissement du prix du blé.

En résumé, nos blés reviendraient meilleur marché chez le consommateur que le blé étranger, si la rente du sol ne venait grever lourdement nos frais de production et si nos cultures n'étaient infiniment trop morcelées.

Les droits proposés remédieraient-ils à cet état de chose ?

Evidemment non, car la situation économique dans laquelle nous nous trouvons placés n'est pas de celles qu'on change avec une loi ou un décret.

Tous les pays, dont la fertilité dormait au loin, sont maintenant réunis à nous par le chemin de fer et le bateau à vapeur. La Russie, l'Amérique, l'Inde, l'Australie sont aujourd'hui à nos portes. Il n'y a plus d'obstacle insurmontable qui puisse empêcher leurs produits d'arriver sur nos marchés : il n'y a qu'une question de prix de transport.

Ces prix s'abaissent chaque jour ; il faut donc que l'équilibre se rétablisse entre les prix de la terre dans les divers pays producteurs.

Les contrées où la valeur du sol est nulle ou presque nulle sont nombreuses ; aussi les vieilles nations protégées uniquement par les frais de transport voient leurs terres dépréciées.

Mais elles les voient dépréciées uniquement dans leur valeur nominale et non dans leur puissance productive.

Un hectare de terre produira toujours la même quantité d'hectolitres de blé, que la terre soit évaluée à un prix ou à un autre.

Si le prix du sol est réduit de 50, de 80 0/0, le sol lui-même n'en est pas moins fertile et la France n'est nullement appauvrie par l'appauvrissement du propriétaire du sol.

Bien au contraire, cette diminution du prix du blé l'enrichira dans son ensemble.

Si, en effet, notre production de blé est insuffisante pour notre consommation, si nous sommes obligés d'acheter un solde à l'Étranger, il vaut mieux que nous l'achetions bon marché que cher.

Il y aurait folie à vouloir entourer la France d'une muraille infranchissable pour n'y plus laisser entrer de blés. Le blé serait cher, c'est vrai. Le propriétaire du sol pourrait retirer de ses terres un fermage élevé, cela est vrai encore.

Mais qui paiera vraiment ce fermage sinon nous, nous tous les consommateurs de blé ? Tous, nous paierons notre pain plus cher, et il faudra que tous, nous nous remboursions de cette augmentation de dépenses en élevant le prix de notre main-d'œuvre ou de notre industrie.

Il faudra, dès lors, protéger toutes les industries ainsi grevées et l'on rouvrira ce cercle vicieux de la protection qu'on croyait à toujours fermé sinon en fait, du moins en théorie.

En aucun cas, on ne remédierait ainsi à l'émiettement de la propriété. Une loi dégrevant les mutations qui auraient pour but la réagglomération de parcelles contiguës pourra seule porter une amélioration à ce mal, depuis longtemps signalé.

Ainsi donc, en présence d'une situation qui ne fait pas la France moins riche, on voudrait, pour maintenir à son actif une valeur fictive absolument dépréciée et qu'on se refuse de ramener à sa valeur réelle, on voudrait, disons-nous, faire payer à la masse de la nation tout entière, sur les 7,410,000 tonnes de blé et les 84,000.000 tonnes de grains grossiers récoltés en France, plus de 622 millions de francs, et sur les 780.000 tonnes de blé importé et non réexporté, 40 millions de francs, soit en tout 660 millions de francs en chiffres ronds.

Qui touchera ces 660 millions ?

Les 40 millions sur les importations seront touchés sans conteste par l'Etat ; les 622 millions sur la production le seront, à ce qu'assurent les auteurs du projet, par l'Agriculture...., l'Agriculture, veut-on dire les Agriculteurs ?

Voyons quels sont ces Agriculteurs à qui l'on va verser ces 622 millions que tous nous allons payer.

A coup sûr ce ne seront pas les propriétaires des 17 millions d'hectares de terrain non agricole, propriétés bâties, forêts, landes, qui ne produisent pas de blés.

Ce ne seront pas non plus les petits propriétaire des 4 millions d'hectares livrés à la petite culture. Ceux-là font peu de blé, ou, s'ils en font, ils le consomment.

Que leur chaut que le blé qu'ils produisent et qu'ils mangent soit coté cher ou bon marché; ils n'en vendront ni plus ni moins. Bien mieux, ces petits propriétaires sont plutôt acheteurs que vendeurs de blé, et, en masse, ils seront lésés par l'augmentation du prix du blé.

Ce ne seront pas non plus les fermiers locataires qui cultivenl 12 millions d'hectares qui en toucheront un centime! La conséquence du droit sur les blés sera, comme nous le démontrerons plus loin, l'augmentation de leur fermage au fur et à mesure que les baux arriveront à terme, alors que la logique veut la continuation du mouvement de baisse qui se produit chaque jour.

Ce sera bien moins encore pour les ouvriers des champs qui gagnent une maigre journée, que l'élévation des droits sera un bienfait! De tous les travailleurs, l'ouvrier agricole sera le plus durement touché par l'augmentation du prix du blé, car sa famille est plus nombreuse et il mange beaucoup plus de pain et moins de viande que l'ouvrier des villes.

Mais voici ceux qui trouvent un avantage de l'établissement de ces droits. Il faut les classer en trois catégories :

1. Les propriétaires cultivant eux-mêmes les 12 millions d'hectares qui constituent le grand faire-valoir direct ;

2. Les propriétaires et métayers des 4 millions d'hectares des pays de métayage ;

3. Les propriétaires des 12 millions d'hectares cultivés sous le régime du fermage.

Examinons leur situation.

1. Les premiers, les propriétaires cultivant eux-mêmes leurs terres, tirent leurs revenus de deux sources, d'abord de leur capital en terre dont ils se payent à eux-mêmes le fermage, et ensuite du capital d'exploitation qu'ils appliquent à leurs cultures.

On admettait, jusque dans ces dernières années que ces produits devaient être sensiblement égaux. L'établissement du contrat de métayage ou de mégerie est la preuve que cette évaluation était juste en pratique.

Les cultivateurs de cette catégorie cumulent donc les rôles de propriétaires et de fermiers : mais, ce n'est qu'en tant que propriétaires qu'ils sont intéréssés à la taxe des blés et ils y sont, par conséquent, intéressés au maximum pour la moitié de leur revenu. En outre, chose importante, ils auraient la possibilité de retrouver par le perfectionnement de la culture, ce qu'ils perdraient par l'avilissement du prix du sol si les droits n'étaient pas votés.

2. Les propriétaires et métayers qui partagent tous les produits de l'exploitation se partageraient aussi les produits des droits.

Mais si le *statu quo* se maintenait, si la surtaxe ne venait pas modifier la situation actuelle, le métayer, le seul véritable cultivateur de l'association, trop mal rémunéré, abandonnerait peu à peu ce mode de contrat. Il adopterait le système plus perfectionné du fermage; il conclurait son bail en baisse, comme tous les fermiers à l'heure présente et laisserait la dépréciation du sol à la charge exclusive du propriétaire non exploitant.

3. C'est, en effet, le propriétaire non exploitant, celui qui fait cultiver sa terre par fermier, qui est intéressé en première ligne à l'établissement des droits.

Qu'on taxe les blés, qu'on en surélève le prix de vente, le propriétaire aura des terres rendant beaucoup et il en augmentera le loyer.

Si son fermier refuse de lui restituer le surproduit de la taxe, il en changera car il en trouvera, au besoin, sans peine dans le département voisin ou à l'Étranger.

En effet, le fermier se déplace, il va là où il trouve le plus d'avantages, tandis que la terre est forcée de garder les avantages et les inconvénients de sa situation géographique.

Aussi, qu'on laisse se continuer le mouvement actuel et le taux du fermage prendra, par le seul effet de l'offre et de la demande, la valeur réelle que lui impose la place occupée par le sol dans le monde.

Il n'est donc pas indifférent aux propriétaires non exploitants, que la France paye 622 millions de plus, puisque c'est dans leurs caisses que ces 622 millions tomberont.

Aussi l'agitation protectionniste, contre laquelle nous nous élevons de toutes nos forces, part-elle de ces Agriculteurs qni ne cultivent pas, mais qui vivent de l'industrie de leurs fermiers.

Ils ont su donner le change à l'opinion publique et au Gouvernement. S'emparant d'un mot célèbre, ils ont demandé que la République devint la République des paysans.

Ils se sont faits passer pour paysans et ont réclamé la protection pour les paysans et l'agriculture !

Singulière protection de l'agriculture, qui consiste à faire tomber dans les caisses de ceux qui ne cultivent pas une dime écrasante prélevée sur le vrai cultivateur !

La situation est donc bien nette :

Un instrument de production, la terre à céréales, perd de sa valeur, sans appauvrir la Nation.

Sa dépréciation est la conséquence d'une situation économique à laquelle on ne peut remédier qu'en isolant la France du monde entier, en comblant ses ports, coulant toutes les flottes, coupant tous les chemins de fer qui aboutissent à nos frontières.

Cet instrument de production s'avilit progressivement; il change souvent de mains, et la perte se répartit ainsi peu à peu sur tous.

Il s'avilit bien moins rapidement que ne se sont avilis la terre à garance, le vignoble du Midi, le champ de mûrier.

Combien plus forte et plus rapide encore est la dépréciation que subissent, sous nos yeux, la plupart des outillages industriels et les installations métallurgiques !

Le matériel naval construit il y a deux ou trois ans à peine n'a-t-il pas déjà perdu 50 0/0 de sa valeur ?

Et alors que tous les autres propriétaires, que les industriels, que les armateurs subissant leurs pertes comme une conséquence forcée d'une évolution économique inéluctable, se sont remis au travail plus courageusement que jamais, les propriétaires de la terre à céréales demandent que, la nation entière, la nation qui travaille et produit, leur paye annuellement 622 millions.

Mais, 622 millions sont, à 3 0/0, le revenu de plus de 200 milliards, c'est-à-dire de beaucoup plus qu'ils n'ont jamais possédé !

Et, encore, si l'on se contentait de nous demander notre part contributive, ce ne serait que demi-mal.

Nous travaillerions davantage et peut-être qu'en cherchant au loin de nouveaux débouchés, ou de nouvelles sources d'approvisionnement à notre commerce et à notre industrie, nous arriverions à supporter ces charges nouvelles.

Mais comment pourrons-nous faire si, comme nous vous l'avons démontré dans la première partie de cette lettre, l'on ruine notre marine, notre commerce, notre industrie, si l'on affame notre population ouvrière !

Que l'on ne dise pas : c'est une expérience à faire, et, si elle ne donne pas ce que nous espérons, nous reviendrons au régime actuel?

Non, il serait trop tard !

Car, le mal produit serait irréparablement commis. Les industries tuées seraient bien mortes. La clientèle extérieure, passée aux concurrences étrangères, serait bien perdue.

Nos rivaux, enrichis de ce que nous leur aurions laissé, forts de tout l'accroissement que nous leur aurions abandonné, viendraient disputer à notre industrie affaiblie notre propre marché. Nous aurions bien assez à faire de le défendre, sans que nous puissions songer à reprendre notre place sur le terrain international, le jour où, revenu de son erreur, l'Etat voudrait renoncer à sa funeste expérience.

D'ailleurs, tente-t-on une expérience aussi dangereuse quand une épidémie meurtrière sème la mort sur son passage, quand les quarantaines frappent si douloureusement notre commerce et notre industrie ?

Aussi, Messieurs, nous voulons espérer que cette lettre, qui vous expose uniquement des faits et des chiffres, vous aura convaincus.

Tout au moins nous sommes certains que vous ne voudrez vous décider qu'après une Enquête contradictoire. Vous tiendrez, sans nul doute, à vous assurer si vraiment il s'agit, dans tout ceci, non de protéger l'Agriculture, mais de faire des rentes au Propriétaire qui ne cultive pas, non de favoriser le développement de notre commerce et de notre industrie, mais de surélever le prix du pain à la France tout entière.

Veuillez agréer, Monsieur le Président et Messieurs les Députés, l'assurance de nos respectueux sentiments.

Le Rapporteur,
EDMOND BARTHELET.

Le Président,
FRÉDÉRIC BOUDE.

RÉUNION DU 18 NOVEMBRE 1884

Le 18 novembre 1884, à 9 heures du soir, une réunion de plus de 1,200 personnes, composée de négociants, d'armateurs, de courtiers, de délégués de Syndicats, d'ouvriers des ports et à laquelle avaient été convoqués par les soins de la Société pour la Défense du Commerce de Marseille tous les Corps élus, les nouveaux et les anciens Electeurs aux Tribunaux et à la Chambre de Commerce, a eu lieu dans la Salle des Fêtes de la Société des Amis des Arts (Cercle Artistique).

Le bureau était formé de M. Frédéric BOUDE, *Président*, de MM. Paul GASQUY et Daniel STAPFER, *Vice-Présidents*, de M. A. DUBOUL, *Secrétaire* de la Société pour la Défense du Commerce de Marseille.

M. Frédéric BOUDE, Président a ouvert la séance et exposé que le but de la réunion était l'examen d'une lettre préparée par la Société pour la Défense du Commerce pour être adressée à Monsieur le Président et à Messieurs les membres de la Chambre des Députés. Il a donné la parole à M. Edmond BARTHELET, Rapporteur, membre de la Chambre Syndicale de la Société pour la Défense du Commerce.

M. BARTHELET a donné lecture de la lettre reproduite ci-dessus.

M. NICOLAS, Conseiller Municipal, a rappelé que le Conseil municipal de Marseille a émis le vœu, suivant à la séance du 23 octobre :

« Le Conseil,

« Considérant que l'élévation des droits de Douane sur les céréales et le « bétail amènerait immédiatement une augmentation sur le prix du pain et « de la viande, objets de première nécessité, en l'état actuel, déjà trop chers « pour la classe ouvrière qui depuis longtemps souffre de la crise commer- « ciale et maritime ;

« Considérant que notre marine marchande, qui trouve des frets importants « dans le transport des céréales et des bestiaux de provenance étrangères, « se verrait privée, par l'élévation des droits, d'un trafic important et se « trouverait, par suite, dans la nécessité de désarmer de nombreux navires ;

« Considérant que tout retour au système protectionniste aurait pour « résultat de supprimer la stabilité absolument nécessaire aux transactions « commerciales et aux opérations industrielles, causerait la ruine de nom- « breux commerçants et arrêterait le travail dans la plupart des usines ;

« Considérant que les lois économiques d'un pays ne sauraient dépendre
« du résultat des récoltes toujours variables et que la crise agricole qui sévit
« actuellement tient à des causes passagères et ne saurait justifier la mesure
« proposée ;

« Considérant qu'il est du devoir du Parlement d'assurer la vie à bon
« marché à la nombreuse classe ouvrière qui habite les villes et d'alléger
« les charges qui pèsent sur elle ,

« Emet le vœu qu'il ne soit apporté aucun changement aux tarifs actuelle-
« ment en vigueur pour les bestiaux et céréales. »

M. PALLY, conseiller général, a promis l'appui du Conseil
général.

M. MARGAILLAN, conseiller d'arrondissement, sans vouloir enga-
ger aucunement ses collègues, a promis de porter la question au
Conseil d'arrondissement.

M. BARTHÉLEMY, président de la Société des Portefaix de Marseille, a proposé l'ordre du jour suivant :

La réunion du 18 Novembre approuve la lettre à la Chambre des Députés, que
la Société pour la Défense du Commerce et de l'industrie vient de lui présenter,

Proteste énergiquement contre tout projet de nouveaux droits sur les céréales,

Adjure les Chambres et le Gouvernement de repousser une mesure si
impopulaire qui aurait pour funestes conséquences de ruiner notre commerce et notre industrie et d'aggraver, par le renchérissement du prix du
pain, les charges déjà si lourdes qui pèsent sur la classe ouvrière.

Cet Ordre du jour a été voté à l'unanimité.

Un membre de l'Assemblée a demandé et obtenu que cet ordre du
jour fut télégraphié à Monsieur le Président du Conseil des Minis-
tres, à Monsieur le Président de la Chambre des Députés, à Monsieur
le Ministre du Commerce et à Messieurs les Députés de Marseille.

La réunion a voté des remercîments aux Conseillers généraux et
aux Conseillers municipaux pour l'attitude qu'ils ont prise sur cette
question.

La séance a été levée à 10 heures et demie.

Le Secrétaire,   Le Président,

A. DUBOUL.   FRÉDÉRIC BOUDE.